Weil eine Welt mit Geschichten eine
bessere Welt ist.

Mario Nathan

Mein Weg mit Depressionen

Life is a story

schreib's auf
story.one

1. Auflage 2021
© Mario Nathan

Herstellung, Gestaltung und Konzeption:
Verlag story.one publishing - www.story.one
Eine Marke der Storylution GmbH

Gesetzt aus Crimson Text und Lato.
© Fotos: Mario Nathan

Printed in the European Union.

ISBN: 978-3-99087-897-2

All jenen gewidmet, die mich auf diesem
schweren Weg begleitet haben.

INHALT

#00: DDLC

Ich habe schon immer viel Zeit vor dem Computer verbracht. Beruflich und als Hobby. Aber wenn ich mir ein Spiel aussuchen müsste, das mich am meisten geprägt hat, dann ist das Doki Doki Literature Club.

Ausgerechnet Doki Doki Literature Club!

Gaming ist zwar bei Weitem nicht das Randthema, das es mal war, aber Doki Doki Literature Club ist aus einem Genre, das bestenfalls milde belächelt wird: Visual Novel Dating Sim.

Die Story beginnt ähnlich seicht wie bei allen anderen Vertretern dieses Genres. Man spielt einen Schüler an einer japanischen Hochschule. Sayori – deine Nachbarin, Mitschülerin und Sandkastenfreundin – überredet dich, einem Literaturklub an der Schule beizutreten. Die anderen Klubmitglieder sind natürlich alle weiblich und natürlich alle gutaussehend. Der Protagonist hat zwar mit Literatur nichts am Hut, sieht den Literaturklub aber als Möglichkeit, die Frauen dort besser kennenzulernen. Ziel des Spiels ist es, mit Gedichten, die speziell auf eine dieser Frauen zugeschnitten sind, eine romantische Beziehung aufzubauen.

Doki Doki Literature Club weicht aber von der Standardformel ab. Mit der Zeit laufen die Dialoge subtil schlechter, das Spiel schafft es, mit einfachen Mitteln für eine beklemmende Stimmung zu sorgen. In der immer selben sanften Flötenmelodie wird auf einmal ein falscher Ton eingebaut. Man achtet als Spieler verstärkt auf die Melodie. Der falsche Ton kommt aber nie wieder. Und man fragt sich, ob man sich verhört hat.

Mit der Zeit lernt man immer mehr Abgründe in den Persönlichkeiten kennen. Die ganze Story droht zu kippen. Das Spiel zeigt dem Spieler auch auf der Meta-Ebene, dass etwas nicht stimmt. Texte enthalten immer öfter Encoding-FÃ¤hler. Grafik-Glitches, wie falsche Farben und HintergrÃ¼nde, tauchen auf.

Das Spiel gibt einem viele Speicherstände, um unterschiedliche Dialogoptionen und Story-Pfade durchzuprobieren, lädt zum Experimentieren ein. Man wähnt sich in Sicherheit, aber nach einem einschneidenden Ereignis funktionieren die alten Spielstände auf einmal nicht mehr. Man muss mit den bisher getroffenen Entscheidungen und Konsequenzen leben.

Meine erste Wahl fiel auf Sayori. Es ist un-glaublich, wie sehr ein Spielcharakter mich an mich selbst erinnern konnte. Eher schüchtern, setzt sich aber für andere ein. Nicht aufdringlich, und hält trotzdem irgendwie die ganze Gruppe zusammen. Vor anderen immer fröhlich, aber wenn man sie dann im Finale von Akt 1 besser kennenlernt ... begann ich zu verstehen ...

... dass ich selbst auch Depressionen habe.

#01: Der erste Schritt

Ich sitze allein in einer Ecke beim zuvielten Bier und beobachte das bunte Treiben an der Bar. Aus den Lautsprechern tönt Partymusik, mit der ich gerade überhaupt nichts anfangen kann. Ich schalte ab, höre innerlich „Piano Man".

Ich werde aus den Gedanken gerissen. Ich wurde gesehen und auf die Tanzfläche gezerrt. Ich tanze – nicht für mich, sondern für die anderen. Ich weiß, dass meine Stimmung heute nicht mehr besser wird. Für mich ist der Abend gelaufen.

Es ist die Firmenweihnachtsfeier – der Höhepunkt im Jahr. Man freut sich monatelang darauf, nur um dann die Zeit mit Schuldgefühlen zu verbringen, diesen Abend so zu verschwenden. Man fühlt sich einsam, mitten unter Leuten, die man eigentlich richtig gern hat. Die einzige Freude, die man hat, ist, seinen Freunden zuzuschauen, wie sie sich amüsieren und nach diesem harten Jahr ausgelassen feiern können. Die Party funktioniert auch ohne mich. Niemand würde mich vermissen.

Diese Phase hält schon monatelang an. Ich merke, dass ich langsam, aber sicher ein Alkoholproblem bekomme. Ich hab's satt. Weihnachtsfeier hin oder her, ich schnapp mir meinen Abteilungsleiter und Mentor, gehe mit ihm raus und frag ihn, endlich, nach Monaten, ob er überhaupt weiß, was er mir angetan hat…

… als er mich befördert hat. Nach Jahren hatte ich endlich wieder das Gefühl, irgendwo dazuzugehören. Mit der Beförderung reißt er mich aus der Gruppe raus und stellt mich auf ein Podest über allen anderen.

Immer, wenn ich in meinem Leben etwas erreicht habe, sei es jetzt diese Beförderung, mein Doktorat oder schlicht die Tatsache, dass ich ein Spiel zu hundert Prozent abgeschlossen habe, die Belohnung ist stets dieselbe: Leere. Wenn auf einmal diese Zeit, die man tagtäglich investiert hat, frei wird, weiß man im ersten Moment mit der Zeit nichts anzufangen. Irgendwann sucht man sich etwas Neues, einfach um diese Leere wieder aufzufüllen.

Aber lohnt sich das wirklich? Wenn der Weg das Ziel ist, warum will man dann überhaupt Ziele erreichen? Warum soll ich mich überhaupt noch anstrengen, wenn es als Belohnung immer nur das gleiche Gefühl der Leere gibt? Hat sich mein Leben bis jetzt überhaupt gelohnt?

Man hat so oft gehört, wie wichtig es ist, über Dinge zu reden. Es fällt so schwer, sich zu öffnen. Man erwartet sich, dass es sich wirklich lohnt, wenn man sich endlich überwindet. Dem war nicht so. Mir ging es danach sogar noch schlechter. In diesem Moment konnte mein Mentor mir auch nicht weiterhelfen. Ich solle heute einfach nur abschalten und den Abend genießen.

Der Abend ist genau gleich mies weitergelaufen, wie er begonnen hat. Ich habe mich bis zwei Uhr durchgequält, nur damit den anderen in Erinnerung bleibt, dass ich beim harten Kern dabei war, der bis zum Schluss geblieben ist.

#02: Tagebuch

Der erste Schritt ist getan. Ich habe mich jemandem anvertraut. Jetzt sollte es mir besser gehen. Tut es aber nicht.

Das schlechte Gewissen plagt mich. Wie konnte ich es nur meinem Abteilungsleiter bei der Weihnachtsfeier erzählen, bevor ich es meiner eigenen Mutter erzähle?

Es fällt so schwer zuzugeben, dass man Depressionen hat. Das zweite Mal fällt sogar noch schwerer, weil man weiß, wie schwer das erste Mal war. Ich wollte nie, dass sich Mama Sorgen um mich macht. Sie macht sich schon genug Sorgen, ohne dass sie es weiß. Ich wollte ihr das nicht antun. Nie. Aber das schlechte Gewissen war stärker. Ich musste es ihr sagen.

Ich wollte ihr Weihnachten nicht vermiesen, aber es musste endlich raus. Natürlich erzählte ich es ihr einen Tag vor Weihnachten.

Ich fühle mich wieder schlechter. Die Schuldgefühle, es meinem Abteilungsleiter vor ihr erzählt zu haben, sind den Schuldgefühlen, dass sie sich um mich Sorgen machen muss, gewichen.

Es wäre so viel einfacher gewesen, allein weiter zu leiden. Jetzt wissen es schon zwei Personen, die mir wirklich nahestehen. Ich will nicht, dass sie sich meinetwegen Sorgen machen müssen. Jetzt muss sich etwas ändern. Jetzt muss ich an mir arbeiten. Nicht für mich, sondern für sie.

Ein Therapeut kam für mich nie infrage. Wenn jemand mitbekommt, dass ich einen Therapeuten brauche, machen sich noch mehr Menschen Sorgen um mich. Das will ich nicht.

Selbst jetzt, nachdem ich mir vorgenommen habe, etwas zu ändern, kommt ein Therapeut noch nicht infrage. Ich will es zuerst allein versuchen. Es heißt ohnehin immer, dass die Änderung von einem selbst ausgehen muss.

Außerdem will ich selbst realisieren, was mit mir nicht stimmt. Ich will nicht, dass der entscheidende Hinweis von einem Therapeuten kommt. Ich würde mich danach nur ärgern, dass man darauf auch allein hätte kommen können. Wer kennt mich schon besser als ich?

Selbsttherapie-Versuch Nummer 1: Einen schönen Gedanken pro Tag sammeln. Gleichzeitig sind das gleich zwei Weihnachtsgeschenke: Heuer ein Brief, in dem ich meiner Mama verspreche, ein Jahr lang schöne Gedanken zu sammeln. Für mich und für sie. Nächstes Jahr kann ich ihr dann die fertige Sammlung schenken. Druck aufbauen, damit ich das wirklich ein Jahr lang durchziehe.

Es hat nicht lange gedauert, bis der anfängliche Optimismus verflogen ist. Es gibt Tage, da kann man keine positiven Gedanken sammeln. Es kostet Überwindung, mit aller Gewalt irgendetwas Positives zu schreiben. Es kommt mir unehrlich vor. An diesen Tagen habe ich dann angefangen, meinen ganzen Frust, meine ganzen Ängste, meine ganzen Gedanken, die mich vom Einschlafen abhalten, auf Papier zu bringen.

So wurde aus einer Sammlung positiver Gedanken ein Tagebuch aus losen Zetteln in einer Schuhschachtel. Und es war das schönste und persönlichste Weihnachtsgeschenk, das ich meiner Mama jemals gemacht habe.

#03: Bronze

Das Tagebuchschreiben hat geholfen. 622 tägliche Einträge sind es geworden. 622 Gelegenheiten, Gedanken, die mich nachts wach halten, aus meinem Kopf zu bannen. Besser schlafen konnte ich deswegen noch lange nicht. Der Platz, der im Kopf frei wurde, wurde sofort von neuen Gedanken aufgefüllt. Aber so habe ich Fortschritte gemacht. So habe ich realisieren können, wie lange mir bestimmte Erlebnisse und Erfahrungen nachhängen.

Ich war 13, als ich angefangen habe, Saxophonunterricht zu nehmen. Beim Einschreiben in die Musikschule wollte mich mein Saxophonlehrer gar nicht aufnehmen, weil ich zu alt war. Er hat sich überreden lassen, weil ich dank meiner Volksschullehrerin schon Noten lesen und Blockflöte spielen konnte. Im Nachhinein betrachtet war das aber schon das erste Alarmsignal. Für ihn habe ich zu spät angefangen. Für ihn hinkte ich in der musikalischen Entwicklung hinterher. Das hat er mich immer wieder spüren lassen.

Ich wurde mit meinem Lehrer nie warm, aber das Saxophonspielen selbst konnte er mir nicht vermiesen. Ich mochte das Jugendorchester unserer Musikkapelle, ich mochte die Big Band der Musikschule, ich mochte meinen Duettpartner an der Musikschule. Über die Zeit ist eine wirklich gute Freundschaft entstanden.

Mein Saxophonlehrer hatte eine Standardmethode: Stellen, die nicht funktionieren, immer wieder zu wiederholen, bis man sie sieben Mal hintereinander richtig spielen konnte. Das Problem dabei: Es funktionierte bei mir mehr schlecht als recht. Er hat mich nervös gemacht, ich konnte mich nur mehr aufs Mitzählen, nicht auf die Musik konzentrieren. Er hat mich immer wieder traktiert und sekkiert, bis ich siebenmal hintereinander denselben Fehler gemacht habe. Er hat nicht eingesehen, dass es jetzt unmöglich ist, diesen Fehler in dieser Unterrichtsstunde auszumerzen. Als hätte er seine eigene Methode nicht verstanden. Nein. Die einzige Rettung war das Ende der Unterrichtsstunde.

Vielleicht hätte man nach ein paar Jahren einsehen können, dass das mit diesem Lehrer nichts wird. Ich bin geblieben. Ich habe das bronzene Leistungsabzeichen über die Musikkapelle gemacht. Seine Worte der Gratulation: „Nicht, dass du jetzt aufhörst zu üben!" Ich bin geblieben.

Die erste Übertrittsprüfung an der Musikschule (eigentlich auf Bronze-Niveau) hat er jahrelang hinausgezögert. Aber dann, direkt nach der Prüfung, nach all den Jahren, hat er mir das erste Kompliment gemacht: „Das war besser als erwartet." Endlich. Ich hab's geschafft. Ich habe mich wirklich wieder auf den Unterricht gefreut. In der nächsten Stunde hat er mir die Note gesagt: „Ein glatter Dreier." Besser als erwartet. Danke. Trotzdem bin ich geblieben.

Den Schlussstrich hat er gezogen. Mit den Worten: „Ich würde dir raten aufzuhören." Nein, ich habe nicht aufgehört. Ich habe Musikschule und Lehrer gewechselt. Und trotzdem war das nicht das letzte Mal, dass er sich in meinen Saxophonunterricht eingemischt hat.

#04: Außenseiter

Ein Thema, das mich mein ganzes Leben lang verfolgt hat, ist meine Unfähigkeit, Freundschaften zu schließen und zu pflegen. Das Ganze hat schon sehr früh angefangen, beim Wechsel von der Volksschule ins Gymnasium. Ich war der Einzige aus meiner alten Klasse, der ins Gymnasium gewechselt ist. In der neuen Klasse kannten sich schon Dreier-/Viergruppen von früher. Ich war allein. Es hat Jahre gedauert, bis ich aufgehört habe, meiner Volksschulklasse nachzutrauern. Der Kontakt zu meinen alten Kollegen ist komplett abgebrochen.

Richtig in die neue Klasse eingewöhnen konnte ich mich nie. Es war eine harte Zeit. Mitschüler, die mir Zettel aus der Hand gerissen haben, damit sie die Mathehausübung abschreiben konnten. Eine Geographielehrerin, die mir ein Minus bei einer Wiederholung gegeben hat, weil die ganze Klasse „Minus! Minus! Minus!" geschrien hat, während ich noch geantwortet habe. Sie hat zwar gemeint, dass die Klasse gehässig sei, das Minus habe ich trotzdem bekommen.

Sport habe ich als etwas kennengelernt, das nur existiert, damit man sich über mich lustig machen kann. Es war ja so witzig, dass ich irgendwas nicht konnte. Die Sportlehrer waren auch nicht unbedingt Vorbilder. Einer hat sogar mit der Klasse zusammen gegen einen Schüler gemobbt. Mich hat es zwar nicht betroffen, aber es war nicht schön, das anzusehen. Ich wusste nicht, was ich machen soll. Aber genau dieser Lehrer war bei den Schülern beliebt.

Der Tiefpunkt war jedoch eine Diskussion über Rollenbilder im Deutschunterricht in der vierten Klasse. Ich habe gesagt, dass ich ein paar typische „Bubenhobbies" nicht hätte. Dann ein Zwischenruf, den ich nie vergessen werde: „Vielleicht bist du deswegen ein Außenseiter!"

Das hat gesessen. Es ist das eine, jahrelang das Gefühl zu haben, dass man nicht wirklich dazugehört. Man redet sich ein, dass es nur Einbildung ist. Diesen Verdacht so direkt bestätigt zu bekommen, ist dann etwas komplett anderes. Ich konnte nicht anders, ich habe im Unterricht zu weinen begonnen.

In den nächsten Wochen haben sie immer wieder in der Wunde gestochert. „Du bist ein

Scheißaußenseiter, wir haben dich nie gemocht!", wurde mir zugerufen, aus heiterem Himmel. Das war mir aber dann schon egal. Ich habe mich damit abgefunden, ein Außenseiter zu sein, und ich kann in diesem letzten halben Jahr auch nichts mehr ändern.

Es hatte auch eine gute Seite: Die Entscheidung, nach der Unterstufe in die HTL zu wechseln, wurde viel einfacher. Ich war wieder allein in der neuen Klasse. Ich habe aber meine alte Klasse nicht vermisst. Es dauerte zwar wieder etwas, bis ich mit der Klasse warm geworden bin, danach mochte ich meine Kolleg:innen wirklich gerne.

Etwas, das mich seitdem in meinem Leben begleitet, ist die Aussage, wie sehr ich mich in den letzten Jahren geöffnet und verändert habe. Ich habe es immer wieder von verschiedenen Seiten gehört. Aber in Wahrheit habe ich mich nicht verändert. Ich musste einfach jedes Mal von vorne anfangen.

#05: Gold

Mein zweiter Saxophonlehrer war das genaue Gegenteil von meinem ersten. Ich hätte früher wechseln sollen. Immer wieder hat er mir gesagt, wie gut ich spiele. Immer wieder hat er gesagt, wie froh er ist, endlich wieder einen älteren Schüler zu haben. Immer wieder hat er gesagt, wie viel Spaß es macht, mit mir zu arbeiten.

Immer wieder konnte ich ihm nicht glauben. Am Anfang dachte ich sogar, er macht sich über mich lustig. Es dauerte einige Zeit, bis ich verstanden hatte, dass da kein Sarkasmus dabei war. Ich habe es dann gern gehört. Aber wirklich glauben konnte ich ihm nie. Wirklich von mir selbst überzeugt war ich nie.

Die Matura rückte näher. Dass die nächste Station in meinem Leben ein Studium sein wird, wurde immer klarer. Dass damit meine Musikschulkarriere ein jähes Ende nehmen wird, auch. Meinem neuen Lehrer war es ein Anliegen, dass ich noch den Musikschulabschluss mache. Ich war skeptisch, der Abschluss wäre zwei Jahre vorgezogen gewesen. Ich hatte nicht das Gefühl, dass ich das verdienen würde. Ich hatte nicht das Gefühl, dass ich so gut spiele.

Aber ich habe alles mitgemacht. In den zwei Jahren, die ich mit meinem neuen Lehrer verbracht habe, habe ich fast nur Prüfungsprogramme vorbereitet. Eintrittsprüfung. Musiktheorie für Silber. Einstufungsprüfung. Nebenbei Silber beim Blasmusikverband. Musiktheorie für Gold. Abschlussprüfung der Musikschule.

Die zwei Jahre sind wie im Flug vergangen. Ich wurde mit Leistungsabzeichen überhäuft. Jedes einzelne kam mir zu schnell. Zu früh. Als hätte ich das alles noch nicht verdient. Die Urkundenverleihung für den Musikschulabschluss war so unwirklich. Leistungsabzeichen der Steirischen Musikschulen in Gold. Eine Anstecknadel mit dem Steirischen Panther. In Gold. Die seltenere Hälfte von Doppelgold. Unglaublich.

Unglaublich dachte sich auch mein erster Saxophonlehrer. Lehrer 1 hat tatsächlich Direktor 1 von Musikschule 1 vorgeschickt, um bei Direktor 2 von Musikschule 2 nachzufragen, wie das sein kann, dass ich nach so kurzer Zeit zum Abschluss komme. Direktor 2 hat dann nur ausrichten lassen, dass er selbst Saxophonist ist, bei der

Prüfungskommission dabei war und dass meine Prüfung die beste war, die er seit Langem gehört hat.

Das hat gutgetan.

Es hat nur leider nicht lange angehalten. Wie das so ist, wenn man jahrelang einen Verdacht hegt, der dann von außen bestätigt wird. Es tut weh. Der Gedanke verfestigt sich. Man bekommt ihn nie mehr aus dem Kopf.

Ich habe in diesen zwei Jahren viel gelernt. Mir beizubringen, dass ich ein guter Saxophonist bin, dafür reichten die zwei Jahre nicht.

#06: Du hast etwas Besseres verdient

Meine erste ernsthafte Beziehung begann im Maturajahr. Es war ein geglückter Verkupplungsversuch. Wir haben nie viele Worte gebraucht. Auch wenn wir uns eine Zeit lang angeschwiegen haben, es hat uns nichts ausgemacht. Wir waren beide eher gute Zuhörer. Wir beide hatten bald den anderen bei den Eltern vorgestellt. Es schien alles zu passen.

Die unbeschwerte Zeit hatte jedoch ein Ablaufdatum: Semesterbeginn. Ich hatte mich für ein Studium an der FH St. Pölten beworben. Computersimulation. Ein einzigartiger Mix aus Mathematik, Physik und Programmieren. Nicht wie die anderen hundert Studiengänge, die mit einem „einzigartigen Mix aus Informatik und Wirtschaft" warben. Das hätte es überall gegeben. Nein, es musste St. Pölten sein.

Jetzt ist für eine junge Beziehung die Umstellung auf Fernbeziehung ohnehin belastend. Wir wollten es versuchen. Der Umzug nach St. Pölten hat mich jedoch viel schwerer getroffen, als ich dachte. Es war nicht unbedingt Heimweh. Da war das Gefühl, etwas zu versäumen, egal ob ich das Wochenende in St. Pölten oder zu Hause verbrachte. Das Gefühl, es nicht allen recht machen zu können. Das Gefühl, sich zerreißen zu müssen. Die Wochenenden zu Hause waren ausgebucht – die Eltern, die Proben, es hatte gefühlt auch immer irgendjemand aus der Familie Geburtstag. Ich habe das alles auch gern für die Familie getan.

Die einzige Zeit, in der ich zur Ruhe kam, war bei meiner Freundin. Ich war dann immer so erschöpft, so grundlos traurig. Ich habe mich jedes Mal bei ihr ausgeweint, habe nie in Worte fassen können, warum, habe auch nie wirklich gewusst, warum. Irgendwann konnte ich die Zeit mit ihr nicht mehr genießen. Unsere Treffen wurden so unangenehm, es war auch keine Vorfreude mehr da.

Ich habe dann Schluss gemacht. Man kommt sich so hilflos vor, wenn man Sätze wie „Es liegt nicht an dir" aufrichtig meint und man nichts Genaueres in Worte fassen kann. Natürlich glaubte sie mir nicht. Genauso wie ich ihr nicht glaubte, dass es für sie okay ist, wenn ich mich bei ihr jedes Mal ausweine. Nein, so etwas tut sich niemand freiwillig an, sie hat wirklich etwas Besseres verdient. Immer wieder hat sie angerufen und wollte eine andere, bessere Erklärung. Ich konnte ihr die nie bieten. Ich wusste nicht, was ich machen soll. Ich habe angefangen, ihre Anrufe zu ignorieren.

Ich habe Schluss gemacht und es hat mich selbst verletzt. Ich habe beschlossen, dass ich das niemandem wieder antun will. Ich habe gespürt, dass ich irgendwie kaputt bin, dass ich unfähig bin, eine Beziehung zu führen, wenn ich mich nicht ändere. Ich habe damals beschlossen, mein Privatleben auf die Zeit nach dem Studium zu verschieben.

Mir wurde erst viel später bewusst, wie sehr man Menschen unabsichtlich verletzen kann, wenn man ein so geringes Selbstwertgefühl hat. Man sagt Dinge, die so absurd sind und niemand nachvollziehen kann. Dinge, die wie ein Vorwurf oder eine faule Ausrede klingen. Wie zum Beispiel: „Du hast etwas Besseres verdient."

#07: Neue Heimat?

Ich blicke gern auf die Studienzeit in St. Pölten zurück. Computersimulation war ein kleiner, feiner Studiengang, der mit 20 Student:innen startete, von denen es sieben bis zum Master schafften.

Noch nie hatte ich so viele Freunde mit so vielen gemeinsamen Hobbies, Interessen und Ticks. Es war eine Zeit voller MMOs, LAN-Parties und Serienabende. Später sind sogar ganz offline und ganz klassisch Pen&Paper-Rollenspiele dazugekommen. Der „Merlot to go" wurde erfunden. Es hat sich zwischen meinem Studien- und WG-Kollegen und mir eine Bromance entwickelt und er konnte schließlich an meiner Stimme hören, ob ich betrunken war. Man konnte mit allen Kolleg:innen zwanglos reden, nicht nur damals, sondern auch noch Jahre später bei unseren Klassentreffen. St. Pölten wurde mehr und mehr zur neuen Heimat.

Dabei war der Plan ein anderer: Nach dem Studium nach Hause und endlich Geld verdienen. Nach Hause, wo die einzigen Konstanten in meinem Leben auf mich warteten: die Familie und die Musikkapelle. Der Gedanke, dass St. Pölten zur neuen Heimat wurde, war irgendwie seltsam.

Mir war auch klar, dass meine Zeit in St. Pölten ein Ablaufdatum hatte. Kaum jemand aus meinem Studiengang wird in St. Pölten bleiben. Die fünf Jahre waren zu schnell vorbei. Ich wusste, dass der Abschied schwerfallen würde. Ich habe mich schon ein Jahr lang innerlich darauf vorbereitet.

Im letzten Semester gab es jedoch eine Hoffnung auf Verlängerung. Die Worte meines Professors: „Es ist mir ein Anliegen, dass du ein Doktorat machst." Forschungsarbeit in St. Pölten, Vorlesungen an der TU Wien. Zusammen mit ein paar Kollegen aus meinem Studiengang. Allein der Gedanke, dass ich das Leben der letzten fünf Jahre noch ein paar Jahre länger leben könnte, war Motivation genug, dass ich ohne zu zögern zugesagt habe.

Natürlich ist es anders gekommen. Die Finanzierung meiner Forschungsstelle an der FH ist gescheitert. Aber mein Professor hat sein Wort gehalten und mich an einen Professor an der TU weiterempfohlen. So wurde der Diplomvater meines Diplomvaters mein Doktorvater. Ich kann mich echt nicht über das Studium, meine neuen Kollegen oder über die Dienstreisen und Konferenzen beschweren. Eigentlich hätte ich mein Leben gleich unbeschwert weiterleben können.

Trotzdem war es eine dunkle Zeit. Als hätte ich aus Trotz beschlossen, nicht glücklich sein zu wollen. Zu groß war die Enttäuschung über die Nicht-Verlängerung meines liebgewonnenen Lebens in St. Pölten. Ich hatte es satt, schon wieder von vorne anfangen zu müssen. Schon wieder neue Freunde zu finden, die ich in drei Jahren ohnehin wieder aus den Augen verlieren würde.

Es wäre so einfach gewesen, die Zeit zu genießen, aber ich habe es nicht getan. Es sind nur drei Jahre. Neue Freundin finden? Wozu? Es sind nur drei Jahre. Meine Garçonnière etwas wohnlicher einrichten? Wozu, es sind nur drei Jahre. Ich habe Wien nie eine Chance gegeben. Es sind nur drei Jahre. Danach wollte ich nach Hause.

#08: Rigorosum

Es ist ein wunderschöner Nachmittag im Mai. Auf der Dachterrasse unseres Instituts gibt es etwas zu feiern. Und ich? Ich bin so betrunken, dass ich mit einem Pizzastück in der Hand fast einschlafe. Wie es so weit gekommen ist?

Eine liebe Kollegin hatte ihr Rigorosum. Eine Doktoratsverteidigung wie im Bilderbuch: Der Hörsaal war voll, ihre Präsentation war interessant und trotzdem für Laien verständlich, die Fragen der Prüfer beantwortete sie brillant. Ich gönne es ihr von ganzem Herzen. Einfach, weil ich weiß, dass das auch komplett anders ablaufen hätte können.

Mein Rigorosum fiel in meine letzte Arbeitswoche an der TU Wien. Es war eine Besenkammervorlesung. Immerhin waren mehr Kollegen als Prüfer da. In der Kommission saß der Dekan, der mich als FH-Absolvent nur widerwillig zum Doktorat zugelassen hatte. Ich musste damals meiner Anmeldung zum Doktorat einen relativ jungen Beschluss vom Verwaltungsgerichtshof beilegen, um ihn zu überzeugen. Was mich jedoch am meisten verletzte, und das wurde mir erst Jahre später am besagten Nachmittag auf der Dachterrasse bewusst, war, dass damals keine Zeit war, mein Rigorosum zu feiern und zu genießen.

Es war nicht nur meine letzte Arbeitswoche, es war auch gleichzeitig das Ende eines dreijährigen EU-Forschungsprojekts. Am Vormittag des nächsten Tages begann das Projektabschluss-Meeting. In Ljubljana. Das hieß für mich: Prüfung ablegen, anstandshalber mit Sekt anstoßen, in die Wohnung, packen, nach Hause fahren, mit der Familie essen, weiter nach Ljubljana fahren. Ein Bier mit Kollegen ging sich in Ljubljana vor der Sperrstunde trotzdem noch aus.

Geschlaucht vom zweitägigen Meeting und vom schweren Abschied von den Wiener Kollegen fuhr ich heim. Zu Hause angekommen, wurde ich nachdenklich. In dem ganzen Stress hatte ich fast vergessen, dass ich mein Doktorat abgeschlossen hatte. Acht Jahre Studium. Wofür? Für einen Titel? Das Doktorat sollte der Höhepunkt sein, es sollte gefeiert werden, aber mir war nicht nach Feiern zumute. Ich fühlte nichts.

Leere.

Hat sich das gelohnt? Hat sich mein Leben bis jetzt gelohnt? Ich habe mein ganzes Leben mit Schule und Studium verbracht. Wofür? Ich bin ein arbeitsloser Akademiker, der wieder bei seiner Mutter wohnt. Und dafür habe ich mein Leben lang mein Privatleben hinten angestellt? Ich zweifelte sogar daran, ob das überhaupt meine Idee war oder ob ich einfach nur das gemacht habe, was andere von mir erwartet haben. Würde ich mit meinem Orchideenthema als Doktorat überhaupt jemals eine Arbeit finden? All die Arbeit und die Belohnung ist Leere. Leere und Selbstzweifel.

Was ich damals noch nicht wusste: Der Zustand „arbeitsloser Akademiker" würde nur eineinhalb Monate anhalten.

#09: Der andere Mario

Vor diesem Kapitel habe ich wohl am meisten Respekt. Einfach weil es nicht um mich geht, sondern um einen meiner besten Freunde. Ich hoffe, das Kapitel wird ihm gerecht.

Der andere Mario ist ein Kollege am Forschungszentrum, an dem ich nach meinem Doktorat zu arbeiten begann. Sein erster Eindruck bei mir war kein guter: Partystudent, Rugby-Spieler, einen Kopf größer und doppelt so breit wie ich, schaute aus, als ob er mehr Zeit im Fitness-Center verbracht hatte als in Hörsälen. Kurz, genau der Typ Mensch, der mir zur Schulzeit das Leben zur Hölle gemacht hatte. Absolut unverzeihlich war jedoch für mich, dass er auch noch fachlich gut war. Er war der Einzige, den ich jemals als Konkurrenten ansah. Der gleiche Vorname machte das Ganze noch persönlicher. Er hatte mir nie etwas angetan, und trotzdem hasste ich ihn. Irgendwie tat er mir leid. Zum Glück war ich ein Leben lang geübt darin, Gefühle zu verbergen, und konnte mir nichts anmerken lassen.

Es wurde bald ein Running Gag, dass wir un-

liebsame Arbeiten auf den „anderen Mario" ab-
wälzten oder es zumindest zu versuchten. Ich
überspielte es immer mit Humor, aber immer
wieder aufrichtig zugeben zu müssen: „Sorry, da
musst du den anderen Mario fragen", hat mich
innerlich genervt. Warum ausgerechnet er!

Über die Jahre habe ich gemerkt, wie unrecht
ich ihm getan habe. Was er eigentlich für ein lie-
ber Kerl ist. Bei unserer ersten gemeinsamen
Konferenz-Reise nach Amerika konnten wir uns
besser kennenlernen. Danach konnte ich ihm
endlich verzeihen, dass er nicht nur sportlich und
wissenschaftlich gut drauf ist, sondern es nebenbei auch noch versteht, ordentlich zu feiern.

Mehr noch, ich habe gesehen, dass er das Leben verstanden hat. Er hat so viel, was ich nicht
habe. Er wurde mein Vorbild, ich wollte ein biss-
chen mehr so sein wie er.

Allein dass es ihn gibt und dass er so ist, wie er
ist, hat mir geholfen, jahrzehntealte Vorurteile
abzubauen. Nicht nur über andere, sondern auch
über mich. Ich habe inzwischen ein Hobby angefangen, das mich eigentlich seit meiner HTL-Zeit
interessiert hätte, das ich aber nie verfolgt habe,
weil es nicht zu mir passt und weil ich mir sicher

war, dass ich es ohnehin nie durchziehen würde: Krafttraining.

Am Anfang war es mir sogar peinlich und ich habe heimlich trainiert, damit ich auch heimlich wieder aufhören könnte. Ich war mir auch nicht sicher, ob es mit über 30 nicht schon zu spät war, Krafttraining anzufangen. Es hat sogar ein halbes Jahr gedauert, bis ich mich getraut habe, ihn zu fragen, ob wir nicht zusammen trainieren gehen können. Es hat noch länger gedauert, bis ich mich getraut habe, mein neues Hobby „öffentlich" zuzugeben.

Er hat so viel dazu beigetragen, dass ich heute ein anderer Mario bin, als ich es damals noch war. Ich verdanke ihm so viel. Das Verrückte ist, er musste dafür gar nichts machen, er musste einfach nur da sein.

#10: Doppelgold

Ich habe mir während des Studiums einen Standardwitz zurechtgelegt, wenn ich gefragt wurde, wie lange ich schon Saxophon spiele: Drei Jahre. Sieben Jahre gelernt, vier Jahre verlernt.

Der Witz hatte einen ernsten Kern. Ich wusste, wie viel ich verlernt hatte. Zugeben, dass ich schon seit elf Jahren spiele, wäre mir mit dem damaligen Können peinlich gewesen. Ich dachte, es wäre fair, meine inaktive Zeit von meinen Musikschuljahren abzuziehen. Mit der Zeit wurde diese Zahl immer kleiner, sie wurde sogar negativ. Einmal habe ich den Witz „mit minus einem Jahr" gebracht. Danach wurde ich nachdenklich. Ich wollte nicht negativ Saxophon spielen können. Ich musste daran etwas ändern. Als ich nach Graz zog, näher an meine Heimat, meine Familie und meine Musikkapelle, fing ich wieder an, Unterricht zu nehmen. Das Ziel: das goldene Leistungsabzeichen.

Mein neuer Saxophonlehrer war jünger als ich und ich kannte ihn schon als Kind, als er bei uns in der Musikkapelle gespielt hatte. Ich hatte aber

nie ein Problem damit, mich mit meiner Schüler-
rolle abzufinden und ihn als Lehrer zu akzeptie-
ren. Er war anfangs etwas mehr nervös. Ich war
sein erster älterer Schüler und sein erster Gold-
Kandidat.

Wir haben uns immer gut verstanden, trotzdem war das erste halbe Jahr schwer für mich.
Wir machten so viele Grundübungen für den
Ansatz, dass ich mich vor lauter Kleinigkeiten,
die man beachten muss, fast nicht mehr traute,
vor ihm ins Saxophon zu blasen. Er bekam das
nicht mit, sah nur, um wie viel besser mein Ansatz geworden war, und zeigte mir dann die
nächste Kleinigkeit.

Als wir beide gemerkt hatten, dass mein
Selbstvertrauen die größte Baustelle war und
dementsprechend arbeiteten, machte ich die
größten Fortschritte. Zwei Jahre später bestand
ich die Prüfung mit Auszeichnung. Doppelgold.
Bestätigt von den Musikschulen, und jetzt auch
vom Blasmusikverband.

Mein wichtigster Auftritt war aber gar nicht
die Prüfung, sondern die Quasi-Generalprobe
davor: ein Vorspielabend der Musikschule. Das
Publikum: Kinder, die vielleicht ein, zwei, drei

Jahre Saxophon lernen, und deren Eltern. Dazwischen war ich mit der Gold-Prüfungsliteratur: der Improvisation von Ryo Noda. Mehr eine Tech-Demo, was man für Geräusche mit dem Saxophon erzeugen kann, als ein klassisches Musikstück. Etwas, das mehr Spaß beim Spielen als beim Zuhören macht. Trotzdem, das Publikum konnte nicht weghören. Gespannt warteten die Zuhörer bei jeder Pause, was als Nächstes kommen würde. Sie lachten, als eine Phrase unerwartet leise und verspielt endete, sie erschraken sich, als es im Fortissimo weiterging. Noch nie hatte ich das Publikum so im Griff gehabt wie damals.

Auch wenn es mir noch immer schwerfällt, es zuzugeben: Ich habe verstanden, wie sehr ich ein Publikum brauche. Wie wichtig es mir ist, Menschen begeistern zu können. Nicht nur als Musiker, sondern auch in meinem professionellen Leben als Wissenschaftler.

#11: Diagnose

Montag. Ein gemütlicher Home Office Tag. Eigentlich sogar so gemütlich, dass es sich gar nicht wirklich auszahlt aufzustehen. Ich bleibe im Bett liegen und schlafe tatsächlich noch einmal ein.

Montag. Ein gemütlicher Home Office Tag. Es ist 11.00 Uhr. Schön langsam sollte ich was machen. Frühstücken? Zu spät. Mittagessen kochen? Zu früh. Kaffee, während das Notebook startet? Klingt gut. Das Notebook ist schneller einsatzbereit als die Kaffeemaschine, also zuerst einmal ohne Kaffee Mails lesen. Eigentlich wollte ich heute in Ruhe programmieren, aber … es geht nicht.

Ich … kann einfach nicht.

Ich laufe nervös auf und ab, denke alles durch. Irgendwann wird mir das zu anstrengend und ich kauere mich in eine Ecke. Ich bekomme Kopfschmerzen. Ich fange an zu weinen. Ich will nicht mehr so weitermachen. Ich kann nicht mehr. Ich brauche eine Auszeit.

Eigentlich geht es mir schlecht genug, dass ein Krankenstand gerechtfertigt ist. Mein Plan: für heute krankmelden und vielleicht ein, zwei Urlaubstage anhängen.

Alles kostet so viel Überwindung. Aufstehen. Mich in die nächste Ecke kauern, wo das Handy in Reichweite ist. Eine halbe Stunde starre ich das Handy an, bevor ich mich traue, in der Firma anzurufen.

Jetzt plagt mich ein schlechtes Gewissen. Hätten meine Kollegen in dieser Situation einfach weitergemacht? Bin nur ich so empfindlich? Ist das ein echter Burnout? Ich sollte zumindest zu meiner Hausärztin gehen, wenn ich schon um einen Tag Krankenstand gebettelt habe. Auch das kostet so viel Kraft. Ich weiß nicht wie, aber ich habe irgendwie zwei Stunden verloren. Eine halbe Stunde vor Ordinationsende schaffe ich es dann doch noch zu ihr.

Danach geht alles so schnell. Ohne viel erzählt zu haben, bekomme ich drei Wochen Krankenstand und eine Überweisung zum Psychiater. Mir kommen die drei Wochen so übertrieben vor. Nach ein paar Tagen würde es mir vermutlich wieder besser gehen. Ich frage sogar, ob das wirklich notwendig ist. Sie sagt nur, dass das vermutlich länger dauern wird. Sie darf mich ohne Befund vom Psychiater nur nicht länger krankschreiben.

Ich verstehe, wie ernst es ist. Trotzdem bin ich wegen der drei Wochen skeptisch. Ich will meine Kollegen nicht so lange im Stich lassen. Ich habe Angst um meinen Arbeitsplatz.

Den restlichen Tag verbringe ich damit, meinen beiden Abteilungsleitern die Neuigkeiten schonend beizubringen. Nachdem wir noch nichts Genaueres wissen, einigen wir uns auch, dass wir den Kollegen erzählen, dass ich Urlaub und Zeitausgleich bis Weihnachten nehme. Ist auch plausibel, Überstunden und Resturlaub habe ich immer genug.

Eine Woche später habe ich den offiziellen Befund. Kein Burnout, sondern Depressionen. Ich kann nicht sagen, dass ich überrascht bin. Es ist eine altbekannte Situation: Ein langjähriger Verdacht wird von außen bestätigt. Es ist keine Erleichterung, endlich Gewissheit zu haben. Es schmerzt einfach umso mehr.

#12: Auszeit

Da war ich nun drei Wochen im Krankenstand, die sich eigentlich wie Urlaub anfühlten.
Urlaub, in dem man täglich zwei verschiedene
Antidepressiva nimmt. Mir ging es tatsächlich in
der ersten Woche schon so viel besser. Aber die
Antidepressiva konnten eigentlich noch gar nicht
gewirkt haben. Hatten die Ärzte doch überre-
agiert? Hatte ich so viel Urlaub auf Kranken-
schein überhaupt verdient?

Den Krankenstand wollte ich nicht allein zu
Hause in Graz verbringen, also verbrachte ich ihn
„zu Hause zu Hause" bei der Mama. Trotzdem
musste ich zumindest einmal die Woche nach
Graz, einfach nur zum Blumengießen und Brief-
kastenausleeren. Bald wurde eine Tradition dar-
aus, dass ich montags dann auch ins Büro kam,
um Kaffee zu trinken. Vielleicht gab es sogar am
Nachmittag Kaffee und Kuchen bei mir in der
Wohnung. Es mag seltsam klingen, aber ich hatte vorher noch nie so viel Kontakt mit meinen
Kollegen außerhalb der Arbeitszeit. Ich vertraute
dem anderen Mario bald an, dass meine lange
Auszeit eben nicht Urlaub und Zeitausgleich war,

sondern Krankenstand. Mit der Zeit wurden er und mein Abteilungsleiter mehr und mehr zu Therapeuten. Wer braucht schon echte Therapeuten, wenn man solche Freunde hat?

Das Leben schien in diesen drei Wochen in Ordnung. Natürlich hielt es nicht ewig an. Der erste Rückfall kam ausgerechnet bei der Abschiedsfeier einer lieben Kollegin. Ich war nie gut mit Abschieden, aber das war etwas anderes. Auf einmal fühlte ich mich wieder mitten unter den Leuten allein. Der Abend war gelaufen. Alle amüsieren sich, mich würde niemand vermissen.

Das schmerzte aus so vielen Gründen mehr als sonst. Diesmal hatte ich nichts getrunken. Es war also nie der Alkohol, der mich depressiv machte, das war immer ich selbst. Dann dieses Gefühl der Hoffnungslosigkeit. Man kann den guten Tagen, sogar den guten Wochen nicht vertrauen. Es ist nicht überstanden. Ich werde nie wissen, ob es überstanden ist, es wird nie überstanden sein. Dass das Ganze trotz Antidepressiva passiert war, machte diese Hilflosigkeit noch schlimmer.

Mein Krankenstand wurde Schritt für Schritt verlängert, die Dosis wurde Schritt für Schritt erhöht. Weihnachten, Neujahr und sogar der ganze Jänner gingen vorüber. Es ging mir zusehends besser. Die schlechten Phasen kamen zwar immer wieder, dauerten aber immer kürzer an. Ich wusste, dass es nicht überstanden war, aber ich traute mir zu, wieder arbeiten zu gehen. Ein schöner Termin näherte sich: Montag, der 1. Februar. Neue Woche, neuer Monat. Doch je näher der Februar rückte, desto unsicherer wurde ich. Ich zweifelte, ob es eine gute Idee war.

Alle Zweifel verflogen am letzten Jännerwochenende. Etwas Magisches geschah, und danach wusste ich: Ich bin so weit.

#13: Das Foto

Nun ist es so weit. Das letzte Wochenende in meiner Auszeit ist gekommen. Es ist Freitagvormittag, das heißt, es wird Zeit für das wöchentliche Progress Pic.

Fast zwei Jahre mache ich inzwischen Krafttraining. Allen Zweifeln zum Trotz. Ob es sich überhaupt auszahlt, so spät anzufangen? Ob man über 30 überhaupt noch Muskelmasse aufbauen kann? Ob ich wirklich alles richtig mache? Ich habe sicher schon zehn Jahre lang Übungen für jede Muskelgruppe, Trainingspläne und Methoden recherchiert. Ich wollte nichts falsch machen, ich wurde aber von teilweise widersprechenden Ratgebern entmutigt. Ich wollte nie um Hilfe fragen, ich wollte heimlich anfangen, damit ich genauso heimlich aufhören konnte. Ich hatte wirklich Angst davor, zugeben zu müssen, dass ich das Training wieder abbreche, weil es nichts für mich ist. Also habe ich es jahrelang bleiben lassen.

Jetzt höre ich, wie gut mir das Training tut und was ich für ein Selbstbewusstsein gewonnen habe. Dass ich davor jahrelang Selbstbewusstsein aufbauen musste, damit ich überhaupt anfangen konnte, damit ich mich überhaupt traute, in ein Fitness-Center zu gehen, das sieht keiner. Genauso wie keiner die Zeit sieht, in der das Krafttraining mehr zusätzliche Belastung als Ausgleich war. Einfach eine zusätzliche Möglichkeit, am eigenen Perfektionismus zu scheitern.

Die wöchentlichen, ewig gleichen Oberkörper-Selfies waren da auch nicht sonderlich hilfreich. Von Veränderung keine Spur. Den größten Unterschied machte, wie viel ich am Vortag gegessen hatte. Teilweise war das aber auch meine Schuld. Ich wollte mich nicht selbst betrügen. Ich machte immer alle Fotos „kalt", ohne Pump, ohne Training davor. Ich wollte im Alltag besser aussehen, nicht die paar Stunden nach dem Fitness-Center. Ich habe die Fotos ewig gleich gemacht und dementsprechend gleich schauen sie auch aus. Sicher nicht wie zwei Jahre Training.

Aber heute ist es anders. Die Vormittagssonne steht noch tief, leuchtet aber genau durchs Badezimmerfenster. Sie wirft scharfkantige Schatten auf meinen Körper. Ich beginne zu posieren. Auch so ein Machogehabe, das ich eigentlich überhaupt nicht ausstehen kann. Aber jetzt ist es mir egal. Mit diesem Licht kann ich jede noch so kleine Muskelkontur betonen. Was folgt, ist eine Stunde experimentieren mit Pose und Winkel, Licht und Schatten … und wie ich das Handy am besten halte, dass der ganze Körper auf dem Foto Platz hat, ohne dass irgendeine Muskelpartie verdeckt wird.

Als ich die Fotos anschaue, merke ich erst, was ich für Fortschritte in den vergangenen zwei Jahren gemacht habe. Es sind Fotos, aber trotzdem habe ich den Eindruck, dass ich auf ihnen besser als „in echt" ausschaue. Es hat Zeit gebraucht, bis ich realisiert habe, dass das tatsächlich ich bin und dass das tatsächlich mein Körper ist.

Eine wertvolle Lektion habe ich nach zwei Jahren Krafttraining gelernt: Der Körper verändert sich viel schneller als das Selbstbild, das man von sich hat.

#14: Ein oder Zehn Bier

Es ist noch immer das letzte Wochenende meiner Auszeit, es ist sogar noch derselbe Freitag. Gleich zu Beginn meiner Auszeit bat mir Mario an, dass ich mit ihm „bei einem oder zehn Bier" über alles reden kann, wenn ich will. Ein Angebot, das ich viel zu lang nicht angenommen hatte. Das Timing an diesem letzten Wochenende war aber perfekt.

Ich habe ihm so viel erzählt, er kennt sicher 90 Prozent dieses Buchs, noch bevor ich überhaupt angefangen habe, es zu schreiben. Ich habe ihm erzählt, wie wichtig er für mich ist, was er für ein Vorbild für mich ist … und er sieht mich einfach ungläubig an. Vielleicht war es zu dick aufgetragen, zu vorbereitet, zu kitschig? Vielleicht, weil ich auch ein Vorbild für ihn bin? Ich habe nie direkt gefragt, aber ich habe seit diesem einen Abend in Amerika den Eindruck, dass wir uns gegenseitig zum Vorbild genommen haben.

Nach dem ganzen unangenehmen Teil wurde es doch noch ein ausgelassener Abend. Es waren zwar nicht zehn Bier geworden, aber doch einige mehr als eines. Dementsprechend angeschlagen war ich am Tag danach. Was soll's, es war das letzte entspannte Wochenende, bevor ich wieder zu arbeiten begann.

Natürlich war keine Pizza übriggeblieben. Ich lasse nie Pizza übrig. Also musste ich doch noch irgendwas kochen. Eigentlich war das genug Anstrengung für den ganzen Tag, aber dann rief natürlich die Mama an. Wie ich den Abend überstanden habe. Was ich noch so mache. Ich soll zumindest spazieren gehen, es ist so ein schöner Tag.

Ja, Mama.

Eigentlich hatte ich überhaupt keine Lust, irgendwo hinzugehen. Noch weniger hatte ich Lust, ziellos nirgendwo hinzugehen. So schön waren die Straßen auch wieder nicht. Ich überwand mich, Mama zuliebe, die paar hundert Meter zum ORF Park zu gehen. Sosehr ich es hasse, es zugeben zu müssen, aber es ging mir tatsächlich bald besser. Zurück in die Wohnung wollte ich nicht mehr. Es gibt einen magischen Ort in Graz, wo ich jetzt noch unbedingt hinwollte: den Schlossberg.

Dafür, dass die Stiege gesperrt war („kein Winterdienst"), war am Schlossberg viel los. Ich war wohl nicht der Einzige, der diesen Platz so liebte. Ich suchte mir ein halbwegs ruhiges Platzerl und machte die Meditationsübung, die ich in letzter Zeit gemeinsam mit meinem Stiefvater gemacht hatte.

Nach dieser Viertelstunde war die Welt auf einmal ganz anders. Ich genoss die Sonne, die Aussicht, das Gemurmel der Menschenmenge, die Straßenmusiker. Ich habe verstanden, wie einfach das Leben sein kann, wie wenig man eigentlich braucht, um glücklich zu sein. Es ist verrückt, darüber nachzudenken, wie vielen Menschen, wie vielen Kleinigkeiten, wie vielen Zufällen ich diesen Tag zu verdanken habe.

Als ich da oben stand, musste ich sofort etwas niederschreiben.

Ich bin frei.

Mario,

Etwas Magisches ist in mir passiert.

Ich spüre es.

Ich habe das Foto gemacht, um andere zu beeindrucken. In Wahrheit habe ich mich selbst beeindruckt.

Ich habe dir schon einmal erzählt, dass ich dich am Anfang in diese „College-Football-Spieler"-Schublade gesteckt habe. Zu Unrecht, wie ich jetzt weiß.

Lass dir jetzt eines sagen: Du bist der Einzige am Institut, den ich jemals fachlich als Konkurrenten angesehen habe. Inzwischen sind wir Freunde und ich dachte, ich hätte mich damit abgefunden, dass jemand, der körperlich so gut drauf ist, es auch fachlich sein kann. Sein darf.

Dachte ich bis jetzt. Jetzt habe ich gemerkt, wie sich loslassen wirklich anfühlt. Gestern habe ich dich anschauen können, voller Anerkennung, voller Freude für dich, das erste Mal ohne Neid, ohne Druck, irgendwann selbst genauso ausschauen zu müssen.

Auf einmal fühlt sich das Leben so einfach an. Ich glaube, ich habe es überstanden.

Ich bin frei.

(eine Viertelstunde später)

Um ehrlich zu sein, habe ich geweint, als ich das geschrieben habe. Die ganze Situation war so kitschig. Der Uhrturm, die Aussicht, der Regenbogen, die Sonne, die Hintergrundmusik. Als ich fertig war, spielten die Straßenmusiker Pachelbels Canon auf der Gitarre. Ich hatte ihn schon so oft gehört, aber nie hatte er mir so viel Hoffnung gegeben wie an diesem Tag.

Ich drückte ihnen einen Zwanziger in die Hände und konnte nur verweint „Danke" sagen. So wurde das auch für sie ein Tag, den sie nie vergessen würden.

Ich hatte mir ständig vorgeworfen, dass ich denen, die mir durch diese schwere Zeit geholfen hatten, auf ewig etwas schulden würde.

An diesem Tag habe ich verstanden, dass es unmöglich ist, ihnen dasselbe zurückzugeben.

Ich muss nichts zurückgeben.

Ich kann nur versuchen, es an andere weiterzugeben.

Epilog

Dramaturgisch wäre es vermutlich besser, ich ließe das Happy End unkommentiert stehen. Ich weiß aber aus eigener Erfahrung, wie viel Druck solche Erfolgsgeschichten aufbauen. Ich will niemandem falsche Hoffnungen machen, dass es von heute auf morgen vorbei sein kann.

Aber es geht mir seit diesem Tag viel besser. Ich habe endlich wieder gefühlt, was Glück ist. Ich habe eine neue Referenz, was ein „normales" Leben bedeutet. Ich habe erst im Nachhinein verstanden, dass vieles, was alltäglich war, eigentlich schon Alarmzeichen für eine Depression sind. Dieser kleine Ausblick in ein glückliches Leben hat aber gereicht, dass ich mein Leben nicht mehr so weiterleben will. Dieser kleine Augenblick gibt mir die Kraft, mein Leben Schritt für Schritt zu verändern.

Ja, es gibt noch immer Rückfälle. Jeder einzelne schmerzt. Die schlechten Phasen dauern aber bei Weitem nicht mehr so lange an. Trotzdem muss ich lernen, auch damit umzugehen. An eigentlich guten Tagen kommt es auf einmal, aus heiterem Himmel, ohne Vorwarnung, ohne Grund zu einem derartigen Einbruch, dass man glaubt, alles war umsonst, und man muss wieder von vorne beginnen. Das hält dann nur ein, zwei Stunden an, danach ist alles wieder vorbei. Ich fühle mich instabiler, obwohl vor nicht allzulanger Zeit die Gedanken und Gefühle bei so einem Rückfall alltäglich waren. Man vergisst allzuleicht, wie sehr sich der eigene Zustand verbessert hat im Vergleich zu früher, einfach weil man inzwischen auch weiß, dass es auch noch viel besser gehen kann.

Das ist er also, mein Weg mit Depressionen. Ja, mit Depressionen, nicht aus den Depressionen. Trotzdem hoffe ich, dass ich damit auch anderen helfen kann. Betroffene, die sich vielleicht besser verstanden und weniger einsam fühlen. Außenstehende, die vielleicht nicht verstehen, warum jemand Depressionen haben kann, obwohl sein Leben ganz gut zu laufen scheint. Wenn ich auch nur einem Menschen da draußen helfen kann, ist mein Ziel mehr als erreicht.

Zuletzt möchte ich mich bei allen bedanken, die mir auf diesem Weg geholfen haben. Viele haben es gar nicht ins Buch geschafft. Viele sind erwähnt worden, und dennoch wurde ihnen viel zu wenig Platz eingeräumt. Ich bilde mir zwar ein, dass ich schreiben kann, und trotzdem kann ich nicht mit Worten ausdrücken, wie dankbar ich für euch bin.

Mario Nathan

Mario Nathan ist ein Informatiker und Physiker, der nur eine Geschichte zu erzählen hat: Seine eigene.

Alle Storys von Mario Nathan zu finden auf
www.story.one

Viele Menschen haben einen großen Traum: zumindest einmal in ihrem Leben ein Buch zu veröffentlichen. Bisher konnten sich nur wenige Auserwählte diesen Traum erfüllen. Gerade einmal 1 Million publizierte Autoren gibt es derzeit auf der Welt - das sind 0,013% der Weltbevölkerung.

Wie publiziert man ein eigenes story.one Buch?

Alles, was benötigt wird, ist ein (kostenloser) Account auf story.one. Ein Buch besteht aus zumindest 15 Geschichten, die auf story.one veröffentlicht werden. Diese lassen sich anschließend mit ein paar Mausklicks zu einem Buch anordnen, das sodann bestellt werden kann. Jedes Buch erhält eine individuelle ISBN, über die es weltweit bestellbar ist.

Auch in dir steckt ein Buch.

Lass es uns gemeinsam rausholen. Jede lange Reise beginnt mit dem ersten Schritt - und jedes Buch mit der ersten Story.

#livetotell